Friggitrice ad Aria Calda XXL

Ricette Sane, Facili e Veloci per Cuocere, Friggere, Grigliare ed Arrostire con la Tua Friggitrice ad Aria. Bonus: Errori da Evitare Assolutamente

DAFNE BIANCO

© Copyright 2021 – DAFNE BIANCO
Tutti i diritti riservati all'autore, nessuna parte di questo libro può essere pertanto riprodotta senza il preventivo assenso dell'autore.

Non è consentito in alcun modo riprodurre, duplicare, o trasmettere alcuna parte di questo documento in formato digitale o cartaceo. La diffusione di questa pubblicazione è severamente proibita e qualsiasi fruizione di questo documento non è consentita senza il preventivo con-senso scritto dell'editore. Tutti i diritti riservati.

L'accuratezza e l'integrità delle informazioni qui contenute è garantita, ma non è assunta responsabilità di alcun genere. Essa è infatti, in termini di fraintendimento delle informazioni per disattenzione, oppure per l'uso o l'abuso di eventuali politiche, pro-cessi o istruzioni contenute all'interno del libro, responsabilità sola ed assoluta del lettore destinatario. In nessun caso è consentito perseguire legalmente o incolpare l'editore per qualsiasi danno arrecato o perdita monetaria avvenuti a causa di informazioni contenute in questo libro, né direttamente né indirettamente.

I diritti sono detenuti dai rispettivi autori e non dall'editore.

Nota Legale:

Questo libro è protetto da copyright. È esclusivamente per uso personale. Non è consentito modificare, distribuire, vendere, utilizzare, citare o parafrasare nessuna parte del contenuto di questo libro senza lo specifico consenso dell'autore o del proprietario dei diritti di copyright.

Qualsiasi violazione di questi termini sarà sanzionata secondo quanto previsto dalla legge.

Disclaimer:
Si prega di notare che il contenuto di questo libro è esclusivamente per scopi educativi e di intrattenimento. Ogni misura è stata presa per fornire informazioni accurate, aggiornate e completamente affidabili. Non sono espresse o implicate garanzie di alcun tipo. I lettori riconoscono che il parere dell'autore non è da sostituirsi a quello legale, finanziario, medico o professionale.

Sommario

INTRODUZIONE **8**

CAPITOLO 1 – COME FUNZIONA LA FRIGGITRICE AD ARIA **10**
    Funzionamento e settings della friggitrice ad aria *10*
    Come risolvere i problemi principali nell'utilizzo della friggitrice ad aria? *14*
    Errori da evitare *15*

CAPITOLO 2 - RICETTE PER LA COLAZIONE **20**
    Tortine paradiso *20*
    Tortine fragole e cannella *23*
    Tortine di pere e cioccolato *25*
    Tortine vanigliate alla fragola *27*
    Tortine ai frutti di bosco *29*
    Tortine al Cioccolato bianco *31*
    Tortine al cioccolato e pistacchio *33*
    Mini torta al Limone *35*

CAPITOLO 3 - SPUNTINI E CONTORNI **37**
    3.1 RICETTE PER GLI SPUNTINI 37
        Tartellette salate alla fonduta *37*
        Torta salata ai porri *40*
        Torta salata con le erbette *42*
        Torta salata zucchine e speck *45*
        Tortine salate con pomodorini zucchine *47*
    3.2 RICETTE CONTORNI 49
        Crocchette di patate al formaggio *49*
        Crocchette di patate e funghi *52*
        Finocchi e cipolle al gratin *55*
        Gratin di patate alla paprika *57*

CAPITOLO 4 - MAIALE, AGNELLO E MANZO **59**
    4.1 RICETTE DI MAIALE 59
        Filetto maiale con verdure *59*
        Filetto maiale in crosta di spezie *62*

Arista di maiale all'arancia...65
Involtini di Maiale nel Prosciutto...67
4.2 RICETTE DI VITELLO 69
Involtini di vitello con speck e formaggio..69
Tagliata di manzo con pomodorini..71
Filetto ai peperoni..73
Medaglioni di filetto con crema al gorgonzola...................................74
Vitello ripieno al prosciutto e formaggio..76
4.3 RICETTE DI AGNELLO 78
Spiedini di agnello..78
Polpette di agnello piccanti..80

CAPITOLO 5 - RICETTE POLLAME 82

Bocconcini di pollo al pesto rosso 82
Fusi di pollo al mango..84
Involtini di pollo con speck e asparagi...86
Petto di pollo farcito con prosciutto e zucchine..................................88
Polpette di pollo e pisellini...91
Polpettone di pollo con prosciutto 93
Ravioli di pollo fritti...95
Rotolo di pollo e speck..97
Hamburger di pollo e tacchino con zucchine 100

CAPITOLO 6 - RICETTE VEGANE E VEGETARIANE.......................102

6.1 RICETTE VEGANE 102
Pomodori arrosto..102
Bastoncini di cavolo rapa 104
Polpette di zucchine e patate..105
Verdure arrosto miste...107
6.2 RICETTE VEGETARIANE 108
Peperoni ripieni..108
Crocchette di mais e zucca...110
Fiori di zucca pastellati 112

CONCLUSIONI...114

Introduzione

Se pensiamo ogni giorno al buon cibo, e soprattutto a quale cibo o a quali ricette siano in assoluto le più gustose, non si può di certo non fare riferimento alle fritture.

Cosa c'è di più buono di un piatto di patatine fritte?

Il problema sorge, come ben noto, quando si pensa che la frittura, soprattutto se abusata, non è sicuramente una buona alleata della salute, ed in modo particolare non è tra le scelte principali utili al perseguimento di un'alimentazione sana e allo smaltimento dei chili in eccesso.

Dopo questa premessa, adesso ci si chiede, se esiste una soluzione che unisca il piacere del cibo fritto al mantenimento di un regime alimentare sano, senza grassi in eccesso...

La risposta a questo dilemma sembra si stata creata appositamente.

Uno dei maggiori progressi riguardanti, infatti, l'ambito alimentare, culinario e tecnologico è stato proposto da un'invenzione piuttosto recente.

Stiamo parlando proprio della friggitrice ad aria.

Questa nuova invenzione permette in pratica di friggere senza olio, ma di ottenere lo stesso risultato della frittura ad olio, mediante un getto d'aria molto caldo.

Ciò significa, quindi, che i cibi che si andranno a preparare con la friggitrice ad aria risulteranno, così come quelli fritti normalmente, in pratica croccanti fuori e morbidi dentro.

Detto in altre parole, la friggitrice ad aria simula la cottura con l'olio senza immergere i cibi in esso, rappresentando anche per certi versi una soluzione a metà strada tra frittura ad olio e cottura in forno. Ma le friggitrici ad aria permettono solitamente di ottenere una frittura leggera che non faccia male alla nostra linea o al nostro corpo.

Grazie ad esse e, come vedremo nel corso di questa trattazione, si potranno ottenere diversi tipi di cottura, come ad esempio la grigliata o la cottura a forno.

Essendo il mercato fornito di diversi tipi di friggitrici ad aria, di differenti tipi di resistenza elettrica, è possibile quindi variare cotture e tipi di piatti che verranno portati a tavola.

Capitolo 1 – Come funziona la friggitrice ad aria

Funzionamento e settings della friggitrice ad aria

Adesso che ci siamo fatti un'idea abbastanza chiara su cosa sia e quali siano le caratteristiche principali della friggitrice ad aria, possiamo introdurre il discorso sul suo funzionamento e i suoi *settings* (pulsanti e funzioni).

La cosa più logica da pensare è, che se stiamo parlando di friggitrice ad "aria", il suo funzionamento non può non prescindere dal concetto (proprio perché lo dice la denominazione stessa) di cottura tramite getto d'aria.

Come già accennato all'inizio del precedente capitolo, la maggiore innovazione apportata da questo strumento da cucina è proprio il metodo, la tecnica che viene utilizzata per cuocere, rispetto alle cotture già note ed utilizzate quotidianamente.

Tutti questi strumenti e dispositivi da cucina tradizionali sfruttano la tecnica di conduzione e quindi (come, ad esempio, il forno) impiegano un radiatore che trasferisce il calore necessario agli alimenti affinché possano cuocersi.

La differenza e la novità principale introdotta con la friggitrice ad aria è proprio il metodo impiegato per cuocere: essa sfrutta infatti la tecnica della convenzione.

Ciò significa che essa sfrutta la circolazione dell'aria calda nei cibi che stiamo cucinando.

In altre parole, la friggitrice ad aria eleva la temperatura dell'aria che viene fatta circolare attraverso il cibo.

L'aria in pratica viene risucchiata nella camera d'ingresso permettendo a questo strumento di raggiungere una temperatura elevata in breve tempo.

La friggitrice ad aria, quindi, scardina completamente il concetto secondo cui l'olio costituisca la *conditio sine qua non* per ottenere una frittura veloce e perfetta.

E lo fa mediante uguale procedimento: se l'olio si riscalda in poco tempo e permette cotture facili a temperature elevate, la friggitrice ad aria lo fa altrettanto velocemente e facilmente mediante l'aria come vettore di calore.

Per far sì che avvenga ciò e -ricollegandoci al discorso di uno dei componenti principali di questo strumento da cucina e cioè alla camera di cottura al suo interno- grazie proprio a questa camera, l'aria viene riscaldata e fatta circolare in maniera molto veloce, in modo da garantire una frittura dei cibi uniforme.

È stato calcolato che l'aria che circola all'interno di questa camera possa arrivare a raggiungere addirittura i 200 gradi centigradi di temperatura (temperatura ottimale per la frittura, ma senza tutte le controindicazioni della normale frittura con olio o altri grassi).

Ovviamente è più che giusto ricordarvi che, nel momento in cui avete deciso di acquistare ed impiegare una friggitrice ad aria, è necessario seguire tutte le istruzioni indicate nel libretto allegato e di prendere tutte le precauzioni indicate.

Detto questo, per quanto riguarda invece i pulsanti e le funzioni relative alla friggitrice ad aria, ribadiamo che è stato uno strumento concepito soprattutto per i principianti in cucina, quindi parliamo di funzioni e pulsanti studiati per essere impiegati nella maniera più semplice possibile.

Per poter iniziare a cuocere i nostri alimenti, è necessario innanzitutto inserire tutti gli ingredienti occorrenti nel cestello (alcune hanno le padelle o addirittura delle teglie).

Dopodiché verranno in aiuto tutti i nostri pulsanti per poter cuocere ed ultimare i nostri piatti.

Nel momento in cui inseriremo gli ingredienti nel cestello è necessario premere il tasto di accensione principale (che solitamente ha la forma del classico *play*).

Quando avviene l'accensione si illumineranno il tasto *timer* che regola la tempistica che vogliamo impostare assieme al tasto che regola la temperatura.

Nelle varie ricette verranno ogni volta indicati tempo e temperatura di cottura.

Oltre a questi classici pulsanti, sono presenti anche i cosiddetti "tasti funzione": questi tasti vi permetteranno di cambiare a vostro piacimento i metodi di cottura.

Potrete trovare la funzione dolci, grigliata (in particolare per carni e pesci), forno, e frittura normale.

Ricapitolando, i *settings* principali della friggitrice ad aria sono i seguenti:

Selezione della temperatura: ovvero la possibilità di impostare, mediante pulsante luminoso, la temperatura di cottura (con un *range* che va solitamente dai 160 ai 200 gradi)

Timer: tramite il pulsante luminoso apposito (funzione molto importante) vi è l'obbligo di impostare una tempistica e regolarla a seconda della cottura desiderata (cosa che non avviene con altri apparecchi di cucina con programmi automatici e preimpostati).

Segnali acustici e spegnimento automatico: al raggiungimento di temperatura e tempo di cottura, la friggitrice ad aria vi avviserà e si spegnerà in automatico

Funzioni differenti di cottura: come abbiamo già detto, questo strumento da cucina offre una varietà di cotture quali, il grill, la cottura dei dessert, la funzione forno e frittura.

Chiuso il discorso del funzionamento e delle funzioni, ci sembra corretto menzionare anche il discorso riguardante la potenza ed il consumo energetico della friggitrice ad aria.

Per quanto riguarda la potenza, esse possono partire da un minimo di 1400 per raggiungere un massimo di 2000 watt.

Ma il problema principale, e qui ci si collega al discorso del consumo energetico non è la potenza in sé.

Le friggitrici ad aria sono in generale degli elettrodomestici a relativo basso consumo, ma alcune sono dotate di una potenza che gli permette di raggiungere temperature elevate in pochi minuti (addirittura alcune ci arrivano in due, tre minuti massimo).

Ma, nonostante ciò, il suo consumo rimane più basso di quello dei forni tradizionali, rappresentando, come detto precedentemente, un grosso vantaggio a livello di risparmio energetico.

Come risolvere i problemi principali nell'utilizzo della friggitrice ad aria?

È possibile che, durante l'impiego della friggitrice ad aria, possano insorgere alcune problematiche.

In questo paragrafo verranno quindi riportati i problemi più comuni legati all'uso di questo strumento da cucina, uniti da una possibile soluzione.

Vi sarà illustrata, in pratica, una breve guida completa per la risoluzione di queste varie problematiche.

Ve li abbiamo schematizzati come sotto:

Problema	Possibile soluzione
L'esterno dell'apparecchio diventa troppo caldo dopo l'uso	È un fenomeno piuttosto normale, dovuto proprio alla circolazione dell'aria calda, ma state certi che le manopole rimarranno comunque fredde
L'apparecchio non si accende o non funziona correttamente	Assicurarsi che la presa di corrente sia ben collegata e di aver impostato correttamente timer e temperatura
La cottura dei cibi non è ottimale	Provare a distribuire meno quantità di ingredienti (o in maniera più omogenea magari mescolando più spesso o scuotendo il cestello di tanto in tanto) e provare a cucinare porzioni più piccole (controllare sempre temperatura e tempo di cottura).

Il cestello non viene introdotto bene e la friggitrice non parte	Assicuratevi di non aver superato i limiti di ingredienti inseribili nel cestello e cercate di inserirlo correttamente nella fessura fino a quando non sentirete un *click* di incastro
Dalla mia friggitrice esce del fumo bianco	Probabilmente sono rimasti dei residui di olio delle fritture precedente o avete utilizzato troppo olio. Assicuratevi di rimuovere ogni residuo oleoso o di grasso. Questi residui, oltre ad olio potrebbero essere precedenti panature o il grasso della carne. È sempre molto importante tenere la friggitrice pulita per le prossime cotture

Errori da evitare

Dopo esserci focalizzati sul funzionamento e la risoluzione dei problemi che possono insorgere quando si cucina con la friggitrice ad aria, è importante tenere a mente che esistono degli errori da evitare. Da evitare in quanto, essendo comunque un apparecchio elettrico che può essere esposto a rotture o danni.

O per evitare che i vostri cibi non vengano cotti correttamente o in maniera omogenea.

Tra i più importanti errori da evitare per quanto riguarda danni o rotture ci sono i seguenti:

- Ricordare di mettere gli ingredienti da friggere nel cestello in modo da evitare che vengano a contatto con le resistenze.

- Non coprire le aperture di circolazione dell'aria mentre l'apparecchio è in funzione.

- Non riempire il recipiente di tanto olio per evitare il pericolo di incendi.

- Non immergere l'apparecchio nell'acqua o in altri liquidi e non risciacquarlo sotto l'acqua corrente.

- Prima di collegare l'apparecchio, verificare che la tensione riportata sulla spina corrisponda alla tensione disponibile.

- Non utilizzare l'apparecchio se la spina, il cavo di alimentazione o l'apparecchio stesso siano danneggiati.

- Nel caso in cui il cavo di alimentazione fosse danneggiato, dovrà essere sostituito, per evitare situazioni pericolose.

- Questo apparecchio può essere usato da bambini a partire dagli 8 anni in su e da persone con capacità mentali, fisiche o sensoriali ridotte, prive di esperienza o conoscenze adatte, a condizione che abbiano ricevuto assistenza o formazione per utilizzare l'apparecchio in maniera sicura e siano consapevoli dei potenziali pericoli associati a tale uso.

- Evitare che i bambini giochino con l'apparecchio.

- Tenere il cavo di alimentazione lontano da superfici incandescenti.
- Collegare l'apparecchio esclusivamente a una presa di messa a terra.
- Accertarsi sempre che la spina sia correttamente inserita nella presa di corrente.
- Posizionare e utilizzare sempre l'apparecchio su una superficie piana, stabile e orizzontale.
- Questo apparecchio non è stato progettato per essere utilizzato in abbinamento a un timer esterno o a un sistema separato con telecomando a distanza.
- Non collocare l'apparecchio contro una parete o un altro apparecchio.
- Lasciare almeno 10 cm di spazio libero sul retro e i lati e 10 cm di spazio sopra l'apparecchio. Non posizionare alcun oggetto sopra l'apparecchio.
- Durante la frittura ad aria calda viene emesso vapore attraverso le aperture di circolazione dell'aria. Perciò è molto importante tenere le mani e il viso a distanza di sicurezza dal vapore e dalle aperture di circolazione dell'aria. Fare attenzione al vapore e all'aria calda anche quando si rimuove il recipiente dall'apparecchio.

- Le superfici accessibili potrebbero diventare molto calde durante l'uso. Fare attenzione quando li si maneggia.

- Al fine di garantire un funzionamento ottimale, accertarsi prima di ogni utilizzo del dispositivo che la resistenza e l'ambiente circostante siano puliti e privi di residui di cibo o di oli.

- Non posizionare l'apparecchio al di sopra o in prossimità di fornelli a gas o ogni tipo di fornello o piastra di cottura elettrici, né all'interno di forni riscaldati.

- Non inserire ingredienti dal peso ridotto.

- Non toccate mai l'interno dell'apparecchio mentre è in funzione.

- Non appoggiate l'apparecchio sopra o in prossimità di materiale combustibile, ad esempio tovaglie e tende.

- Scollegare subito l'apparecchio se da quest'ultimo fuoriesce del fumo scuro. Attendere che dall'apparecchio non fuoriesca più fumo prima di rimuovere il recipiente

Dopo questo breve elenco che riguarda maggiormente gli errori da evitare per la vostra sicurezza e incolumità vi elenchiamo, adesso, gli errori da evitare quando si utilizza la friggitrice ad aria per cucinare.

- Assicuratevi di avere abbastanza spazio per poter far "respirare" la vostra friggitrice ad aria

- Per quanto riguarda teglie e cestelli sceglieteli di colore chiaro, perché il nero potrebbe assorbire ancora più calore creando disomogeneità nella cottura

- Come già detto in precedenza, evitate di eccedere nell'utilizzo dell'olio e abbiate cura di pulire la friggitrice dopo ogni utilizzo.

- Non dimenticate di non eccedere con gli ingredienti e, scuotete di tanto in tanto il cestello per una cottura ottimale.

Capitolo 2 - Ricette per la colazione

Tortine paradiso

TEMPO DI PREPARAZIONE: 20 minuti

TEMPO DI COTTURA: 12 minuti

CALORIE: 257 calorie per tortina

MACRONUTRIENTI: CARBOIDRATI: 24 GR; PROTEINE: 3 GR; GRASSI: 16 GR

INGREDIENTI PER 6 TORTINE

- 100 gr di burro

- 1 bustina di vanillina
- Mezzo cucchiaino di lievito per dolci
- 60 gr di farina 00
- 100 gr di zucchero a velo
- 1 uovo intero
- 2 tuorli

PREPARAZIONE

1. Iniziate facendo ammorbidire il burro a temperatura ambiente.
2. Appena il burro sarà ammorbidito mettetelo in una ciotola ampia.
3. Unite al burro lo zucchero a velo e lavorateli con una frusta elettrica fino ad ottenere un composto chiaro e spumoso.
4. Adesso incorporate un tuorlo fino a quando non è completamente amalgamato, quindi ripete con l'altro tuorlo e infine incorporate l'uovo intero. Sbattete il tutto a lungo fino ad ottenere un composto omogeneo.
5. Adesso aggiungete la vanillina e poi la farina setacciata, il lievito e la fecola, continuando a mescolare e facendo attenzione a non smontare il composto.
6. Mettete all'interno degli stampi per muffin dei pirottini. Versate ¾ di composto nei pirottini.
7. Mettete gli stampi nel cestello della friggitrice e lasciate cuocere a 160° gradi per 11 minuti. A fine cottura fate la prova

dello stuzzicadenti e se le tortine non sono ancora cotte aumentate la temperatura a 180° per altri 2 minuti in modo tale che le tortine risultino anche ben dorate.

8. Sfornate le tortine, lasciate raffreddare e alla fine spolverizzare con dello zucchero a velo.

Tortine fragole e cannella

TEMPO DI PREPARAZIONE: 15 minuti
TEMPO DI COTTURA: 12 minuti
CALORIE: 221 calorie per tortina
MACRONUTRIENTI: CARBOIDRATI 33 GR; PROTEINE 3 GR; GRASSI 9 GR

INGREDIENTI PER 6 TORTINE

- 130 gr di farina per torte
- 1 cucchiaino di lievito per torte
- 1 pizzico di cannella
- 1 bustina di vanillina
- 1 pizzico di sale
- 1 pizzico di bicarbonato di sodio
- 100 gr di fragole
- 1 uovo
- 90 gr di zucchero
- 50 ml di olio di oliva
- 125 ml di yogurt bianco
- Zucchero a velo q.b.

PREPARAZIONE

1. In una ciotola mettete assieme la farina, la cannella, la vanillina, il lievito, il bicarbonato e il sale. Mescolate assieme tutti gli ingredienti con una spatola.

2. Pulite le fragole lavandole sotto acqua corrente, asciugate con carta assorbente e mettetene da parte un paio che vi serviranno per la decorazione finale.
3. Tritate le fragole non troppo finemente e aggiungetele alla farina. Mescolate ed amalgamate alla farina le fragole.
4. In un'altra ciotola mettete assieme l'uovo, lo zucchero, lo yogurt e l'olio. Sbattete il tutto con una frusta elettrica fino a quando non otterrete un composto omogeneo e liscio.
5. Adesso aggiungete la farina con le fragole e amalgamate il tutto con una spatola.
6. Mettete dei pirottini negli stampi per muffin e distribuite uniformemente l'impasto in tutti i pirottini.
7. Mettete gli stampi nel cestello della friggitrice ad aria.
8. Impostate la friggitrice a 170° per 10 minuti con la funzione torte.
9. Passati i 10 minuti controllate con uno stuzzicadenti la cottura, se risulta ancora umido continuate la cottura per altri 2 minuti o fino a quando lo stuzzicadenti non risulti asciutto.
10. Tagliate le fragole messe da parte a fettine e decorate le superfici delle tortine e poi spolverizzatele con lo zucchero a velo.

Tortine di pere e cioccolato

TEMPO DI PREPARAZIONE: 30 minuti
TEMPO DI COTTURA: 8/10 minuti
CALORIE: 325 Calorie a porzione
MACRONUTRIENTI: CARBOIDRATI: 41 GR PROTEINE: 3 GR GRASSI: 14 GR

INGREDIENTI PER 2 PERSONE

- 1 pera di medie dimensioni
- 20 gr di zucchero semolato
- 20 gr di burro
- 2 gr di cannella in polvere
- 1 pizzico di noce moscata
- 1 strato di impasto per torta
- 1 uovo sbattuto
- 5 ml di latte
- Gocce di cioccolato

PREPARAZIONE

1. Portate lentamente a ebollizione, in una pentola a fuoco basso, le pere tagliate a cubetti, lo zucchero semolato, il burro, la cannella, la noce moscata.
2. Cuocete a fuoco lento per 2/3 minuti.
3. Lasciate raffreddare le pere, almeno per 20 minuti.
4. Nel frattempo, tagliate l'impasto a torta in cerchi (potete aiutarvi con un bicchiere)

5. Aggiungete il ripieno di pere (in cui saranno state aggiunte le gocce di cioccolato) al centro di ciascun cerchio della crosta della torta.
6. Applicate l'acqua alle estremità esterne.
7. Chiudete la torta e tagliate una piccola fessura sulla parte superiore.
8. Preriscaldate la friggitrice ad aria per qualche minuto a 180° C.
9. Mescolate insieme l'uovo e il latte e spennellate con poco olio le parti superiori di ciascuna torta.
10. Mettete le tortine negli stampi adatti ed inserite nella friggitrice preriscaldata.
11. Cuocere a180° C per 8/10 minuti.
12. Verificate la cottura e lasciatele cuocere finché non diventano dorate.
13. Servite non appena si saranno raffreddate.

Tortine vanigliate alla fragola

TEMPO DI PREPARAZIONE: 10 minuti
TEMPO DI COTTURA: 10 minuti
CALORIE : 240 Calorie a porzione
MACRONUTRIENTI: CARBOIDRATI: 38 GR PROTEINE: 4 GR GRASSI: 7 GR

INGREDIENTI PER 3 PERSONE

- 240 gr di farina per tutti gli usi
- 50 gr di zucchero semolato
- 8 gr di lievito in polvere
- 1 pizzico di sale
- 85 gr di burro freddo
- 90 gr di fragole fresche tritate
- 2 uova grandi
- 10 ml di estratto di vaniglia
- 5 ml di acqua

PREPARAZIONE

1. Setacciate la farina, lo zucchero, il lievito e il sale.
2. Mettete tutto in una ciotola abbastanza capiente.
3. Tagliate il burro e impastarlo direttamente nella farina usando un frullatore o le mani.
4. Impastate fino a quando il composto non abbia formato delle grosse briciole.
5. Mescolate le fragole nella miscela di farina.

6. Unite l'uovo sbattuto con l'estratto di vaniglia la miscela di farina e burro e amalgamarli fino a quando il composto non sia omogeneo e senza grumi.
7. Stendete il composto ottenuto con uno spessore di 38 mm circa.
8. Utilizzate un taglierino per biscotti rotondo per tagliare le tortine.
9. Spennellate le tortine con la miscela di uovo e l'acqua.
10. Preriscaldate la friggitrice ad aria a 180°C.
11. Rivestite il cestello interno preriscaldato con carta da forno.
12. Posizionate le tortine sopra la carta da forno e cuocere per 10 minuti a 180°.
13. Controllate le tortine e se non sono ancora cotte proseguite per altri 2 minuti.
14. Servite tiepide.

Tortine ai frutti di bosco

TEMPO DI PREPARAZIONE: 10 minuti

TEMPO DI COTTURA: 10 minuti

CALORIE: 265 Calorie a porzione

MACRONUTRIENTI: CARBOIDRATI: 36 GR PROTEINE: 3 GR GRASSI: 12 GR

INGREDIENTI PER 3 PERSONE

- 240 gr di farina per dolci
- 50 gr di zucchero semolato
- Una bustina di lievito in polvere
- 2 gr di sale
- 85 gr di burro freddo
- 85 gr di frutti di bosco misti
- 110 ml di panna
- 2 uova grandi
- estratto di vaniglia
- 5 ml di acqua
- 2 cucchiai di marmellata alle fragole per guarnire

PREPARAZIONE

1. Setacciate la farina, lo zucchero, il lievito e il sale in una ciotola grande.
2. Mettete il burro tagliato a pezzetti nella farina e impastate fino ad ottenere un impasto sbriciolato.
3. Mescolate i frutti di bosco nella farina.

4. In una ciotola separata, sbattete la panna insieme a l'uovo e all'estratto di vaniglia.
5. Unite la miscela di panna alla miscela di farina, burro e frutti di bosco e impastate finché non si otterrà un impasto omogeneo.
6. Tagliate l'impasto in stampi rotondi della grandezza di un bicchiere.
7. Spennellate le tortine con la miscela di uovo sbattuto ed acqua.
8. Rivestite il cestello interno preriscaldato (per qualche minuto a 180 gradi) con carta da forno.
9. Inserire le tortine nel cestello e farle cuocere per 10 minuti a 180° C, fino a doratura.
10. Servire fredde con un po' di marmellata di fragole spalmata sopra.

Tortine al Cioccolato bianco

TEMPO DI PREPARAZIONE: 10 minuti

TEMPO DI COTTURA: 15 minuti

CALORIE: 290 Calorie a porzione

MACRONUTRIENTI: CARBOIDRATI: 40 GR PROTEINE: 2 GR GRASSI: 12 GR

INGREDIENTI PER 2 PERSONE

- Burro q.b. (per ungere)
- Zucchero q.b.
- 120 gr di cioccolato bianco
- 2 uova, con i tuorli separati dai bianchi
- estratto di vaniglia
- 20 gr di farina per dolci
- 40 gr di zucchero
- Zucchero a velo

PREPARAZIONE

1. Ungete due stampini per tortine con il burro e lo zucchero, togliendo l'eccesso
2. Sciogliete il cioccolato bianco a bagnomaria.
3. Sbattete con forza i tuorli e l'estratto di vaniglia nel cioccolato fuso per evitare di rimescolare.
4. Aggiungete la farina e mescolate fino ad ottenere un impasto liscio e senza grumi.

5. Montate gli albumi a neve aggiungendo lo zucchero un po' alla volta.
6. Preriscaldate la friggitrice ad aria a 160° C per qualche minuto.
7. Mescolate i bianchi montati a neve nell'impasto col cioccolato, avendo cura di mescolarli con delicatezza per evitare che gli albumi si smontino.
8. Versate l'impasto negli stampi ed inserirli nella friggitrice preriscaldata.
9. Cuocete le tortine a 160° C per 15 minuti, verificandone la cottura.
10. Spolverate le tortine calde con lo zucchero a velo e servite immediatamente.

Tortine al cioccolato e pistacchio

TEMPO DI PREPARAZIONE: 10 minuti

TEMPO DI COTTURA: 15 minuti

CALORIE: 450 Calorie a porzione

MACRONUTRIENTI: CARBOIDRATI: 56 GR PROTEINE: 9 GR GRASSI: 16 GR

INGREDIENTI PER 2 PERSONE

- 50 gr di zucchero semolato
- 125 ml di latte di cocco
- 60 ml di olio vegetale
- 5 ml di estratto di vaniglia
- 120 gr di farina 00
- 20 gr di polvere di cacao
- Mezza bustina di lievito in polvere
- 2 gr di bicarbonato di sodio
- Un pizzico di sale
- 85 gr di gocce di cioccolato
- 25 gr di farina di pistacchi

PREPARAZIONE

1. Mescolate, in una ciotola, lo zucchero, il latte di cocco, l'olio vegetale e l'estratto di vaniglia.
2. Mescolate insieme, in un altro contenitore, la farina, il cacao in polvere, il lievito, il bicarbonato e il sale.

3. Unite gli ingredienti liquidi con lo zucchero alle farine e sbatterli fino a quando non si saranno amalgamati.
4. Aggiungete infine, le gocce di cioccolato e la farina di pistacchi.
5. Preriscaldate la friggitrice ad aria a 160° C.
6. Ungete degli stampi per tortine con lo spray da cucina (o poco olio) e versate la pastella su di essi.
7. Posizionate con attenzione gli stampi nella friggitrice ed impostare il *timer* a 15 minuti.
8. Verificate sempre lo stato di cottura.
9. Quando le tortine saranno pronte lasciatele raffreddare per 10 minuti prima di servirle.

Mini torta al Limone

TEMPO DI PREPARAZIONE: 10 minuti

TEMPO DI COTTURA: 15 minuti

CALORIE: 285 Calorie a porzione

MACRONUTRIENTI: CARBOIDRATI: 34 GR PROTEINE: 4 GR GRASSI: 12 GR

INGREDIENTI PER 4 PERSONE

- 120 gr di farina per tutti gli usi
- 4 gr di lievito in polvere
- Un pizzico di sale
- 85 gr di burro a temperatura ambiente
- 130 gr di zucchero semolato
- 1 uovo grande
- 15 gr di succo di limone fresco
- 1 limone zestato

PREPARAZIONE

1. Setacciate e mescolate insieme la farina, il lievito e il sale.
2. Aggiungete il burro ammorbidito e lo zucchero e lavorarli con uno sbattitore elettrico fino a quando l'impasto non diventi leggero e soffice.
3. Aggiungete l'uovo, il succo di limone e la scorza di limone.
4. Mescolate lentamente fino al completo incorporamento di tutti gli ingredienti.

5. Aggiungete la pastella a uno stampo già oliato per torte di 12 cm
6. Se avanza dell'impasto, cuocere in due tempi.
7. Regolate la friggitrice, a 160°C e posizionate la mini-torta nella friggitrice preriscaldata.
8. Selezionate *Pane*, regolare il tempo a 30 minuti e fare cuocere.
9. Servire la torta tiepida.

Capitolo 3 - Spuntini e contorni

3.1 Ricette per gli spuntini

Tartellette salate alla fonduta

TEMPO DI PREPARZIONE: 15 minuti
TEMPO DI COTTURA: 5 minuti
CALORIE: 540 calorie a porzione
MACRONUTRIENTI: CARBOIDRATI: 36 GR; PROTEINE:18 GR; GRASSI: 49 GR

INGREDIENTI PER 6 STAMPINI
- Un rotolo di pasta sfoglia da 230 gr

- 50 gr di fontina
- 50 gr di taleggio
- 100 ml di latte
- Un uovo
- Noce moscata q.b.
- Sale q.b.
- Paprika q.b.

PREPARAZIONE

1. Iniziate con la pasta sfoglia. Tagliate la pasta sfoglia in 6 cerchi.
2. Imburrate 6 stampi da tartelletta e foderateli con i dischi di pasta sfoglia.
3. Bucherellate il fondo delle tartellette con una forchetta.
4. Impostate la friggitrice a 180°. Mettete le tartellette nel cestello della friggitrice e fate cuocere per 4 minuti.
5. Passato il tempo togliete gli stampini dalla friggitrice e lasciate le tartellette a riposare.
6. Adesso preparate il ripieno. Tagliate i due formaggi a dadini.
7. In una casseruola mettete a scaldare il latte con un pizzico di noce moscata.
8. Appena inizierà a fare le bollicine unite i due formaggi tagliati a cubetti e fateli fondere mescolando costantemente.
9. Unite l'uovo, aggiustate di sale, sempre continuando a mescolare e poi togliete dal fuoco.

10. Versate il composto nelle tartellette e spolverizzatele con la paprika.
11. Rimette nel cestello della friggitrice le tartellette, impostate sempre a 180° e fate cuocere per altri 2 minuti.
12. Passato il tempo controllate la cottura e se non si è ancora formata la crosticina sulle tartellette continuate per altri 2 minuti
13. Servite le tartellette calde.

Torta salata ai porri

TEMPO DI PREPARAZIONE: 10 minuti
TEMPO DI COTTURA: 15/18 minuti
CALORIE: 320 Calorie a porzione
MACRONUTRIENTI: CARBOIDRATI: 26 GR; PROTEINE: 13 GR; GRASSI: 22 GR

INGREDIENTI PER UNO STAMPO DI 12 CM

- Un rotolo di pasta sfoglia
- 400 gr di porri
- 25 gr di burro
- 2 uova
- 20 gr di parmigiano grattugiato
- 100 ml di panna da cucina
- Sale
- Pepe

PREPARAZIONE

1. Iniziate con il pulire i porri. Eliminate la parte verde e le foglie dure esterne. Lavateli, asciugateli e tagliateli in tante rondelle.
2. In un tegame fate fondere il burro. Appena inizia a sfrigolare mettete i porri e fateli insaporire a fuoco basso, in modo che si appassiscano senza prendere colore. Aggiustate di sale e pepe e toglieteli dal fuoco.
3. In una ciotola sbattete le uova con la panna e poi insaporiteli con una spolverata di sale e pepe.

4. Imburrate una teglia di 12 cm. Stendete la pasta ed eliminate l'eccesso di pasta laterale. Disponete all'interno i porri e cospargete il tutto con il mix di panna e uova.
5. Spolverizzate il tutto con il parmigiano grattugiato
6. Mettete la teglia direttamente nel cestello della friggitrice.
7. Impostare la friggitrice ad aria a 200° per 15 minuti. Mettere lo stampo nel cestello e passati i 15 minuti controllate la cottura. Se non è ancora cotta continuate per altri 2-3 minuti.

Torta salata con le erbette

TEMPO DI PREPARAZIONE: 20 minuti

TEMPO DI RIPOSO: 30 minuti

TEMPO DI COTTURA: 20 minuti

CALORIE: 370 Calorie a porzione

MACRONUTRIENTI: CARBOIDRATI: 26 GR; PROTEINE: 13 GR; GRASSI: 27 GR

INGREDIENTI PER UNO STAMPO DA 22 CM

INGREDIENTI PER LA PASTA

- 180 gr di farina 00
- 10 gr di prezzemolo
- 120 gr di burro
- 1 uovo

INGREDIENTI PER IL RIPIENO

- 30 gr di burro
- 1 porro
- 1 spicchio d'aglio
- 2 scalogni
- 1 ciuffo di prezzemolo
- 2 cucchiai di erba cipollina
- 2 cucchiai di aneto tritato
- 3 uova
- 250 ml di panna da cucina fresca

- 60 ml di latte
- 120 gr di fontina

PREPARAZIONE

1. Iniziate con il preparare l'impasto della torta salata. Mettete nella ciotola dell'impastatrice la farina, un ciuffo di prezzemolo, l'uovo, un cucchiaio colmo di acqua, e il burro.
2. Azionate il motore a velocità media e impastate per 5 minuti, finché l'impasto non risulti bene amalgamato.
3. Rovesciate la pasta su una spianatoia leggermente infarinata l'impasto e continuate ad impastare con le mani per un paio di minuti.
4. Formate adesso un panetto con la pasta, coprite con foglio di pellicola trasparente e mettete in frigo a riposare per 30 minuti.
5. Nel frattempo, passate a preparare il ripieno.
6. Pulite e tagliate a rondelle il porro.
7. Sbucciate e lavate gli scalogni e poi tagliateli a striscioline.
8. Lavate l'erba cipollina in acqua corrente e poi tagliatela in pezzetti piccoli.
9. Lavate e tritate l'aglio.
10. Mettete in una padella antiaderente il burro e lasciatelo sciogliere. Appena inizia a sfrigolare aggiungete il porro, l'aglio e gli scalogni. Appena iniziano ad imbiondire aggiungete il prezzemolo, l'erba cipollina e l'aneto tritato.
11. Aggiustate di sale

12. Cuocere per altri 5 minuti, poi togliere dal fuoco e lasciare le erbette a raffreddare.
13. Sbattete le uova insieme alla panna, il latte sale e pepe.
14. Togliete la pasta dal frigo, stendetela con un mattarello in modo da ottenere una sfoglia sottile.
15. Imburrate la teglia e mettete la pasta in modo da ricoprire bene il fondo e la parete della teglia. Schiacciatela bene nei bordi e togliete eventuale impasto in eccesso.
16. Riempite la pasta con il ripieno di erbette, poi versate il mix di latte, uova e panna e infine cospargete il tutto con la fontina grattugiata.
17. Mettete la teglia nel cestello o nella griglia della vostra friggitrice ad aria, impostate a 170 gradi per 20 minuti
18. Passato il tempo controllate la torta e se non è ancora abbastanza cotta continuate a cuocere per altri 2 minuti
19. Se il cestello della vostra friggitrice è piccolo potete optare per uno stampo da 12 centimetri e scegliere se fare due infornate oppure dimezzare semplicemente le dosi.

Torta salata zucchine e speck

TEMPO DI PREPARAZIONE: 15 minuti

TEMPO DI COTTURA: 12 minuti

CALORIE: 290 Calorie a porzione

MACRONUTRIENTI: CARBOIDRATI: 25 GR; PROTEINE: 11 GR; GRASSI: 15 GR

INGREDIENTI PER UNO STAMPO DA 12 CM

- 100 gr di pasta di pane
- 2 zucchine piccole
- 50 gr di pomodoro pelato
- Una mozzarella
- 40 gr di speck tagliato a fettine
- Origano q.b.
- Sale q.b.
- Pepe q.b.
- Olio di oliva q.b.

PREPARAZIONE

1. Togliete le estremità alle zucchine. Lavatele sotto acqua corrente e poi asciugatele con carta assorbente. Tagliatele a rondelle.
2. In un tegame mettete un filo d'olio, fate riscaldare e poi mettete le zucchine. Aggiustate di sale e pepe e fatele cuocere con un coperchio per 5 minuti.
3. Toglietele dal fuoco e lasciatele intiepidire.

4. Tagliate a cubetti la mozzarella
5. In una ciotola mettete assieme il pomodoro pelato, con un filo di olio, un pizzico di sale e pepe, una spolverata di origano. Mescolate con un cucchiaio di legno e poi aggiungete le zucchine e la mozzarella. Continuate a mescolare fino a quando non è tutto ben amalgamato.
6. Spennellate con un po' di olio lo stampo. Copritelo con la pasta di pane ed eliminate l'eccesso laterale. Riempite la pasta con il ripieno e poi coprite il tutto con le fette di speck.
7. Mettete lo stampo nel cestello della friggitrice, impostate la friggitrice a 180° per 10 minuti.
8. Controllate la cottura e se non risulta ancora cotta alzate a 200° e continuate per altri 2 minuti.

Tortine salate con pomodorini zucchine

TEMPO DI PREPARAZIONE: 15 minuti

TEMPO DI COTTURA: 10 minuti

CALORIE: 250 Calorie a porzione

MACRONUTRIENTI: CARBOIDRATI:22 GR; PROTEINE:8 GR; GRASSI: 9 GR

INGREDIENTI PER 4 TORTINE

- 1 uovo
- 70 gr di farina 00
- 1 cucchiaino di lievito istantaneo
- 40 ml di latte
- 30 ml di olio d'oliva
- 15 gr di parmigiano grattugiato
- 30 gr di scamorza
- 1 zucchina verde piccola
- 4 pomodorini
- Sale q.b.
- Pepe q.b.

PREPARAZIONE

1. Iniziate con la preparazione della zucchina. Lavatele sotto acqua corrente e poi tagliatela a cubetti.
2. Mettete un filo d'olio in una padella antiaderente fatelo riscaldare e appena è caldo mettete a soffriggere la zucchina per 6-7 minuti.

3. Lavate i pomodorini sotto acqua corrente e asciugateli.
4. Tagliate la scamorza a cubetti.
5. In una ciotola abbastanza grande mettete assieme il parmigiano, la scamorza il lievito e la farina e mescolate il tutto.
6. In un'altra ciotola mettete l'uovo, l'olio, il latte, sale e pepe e mescolate il tutto.
7. Trasferite nella ciotola con la farina il composto con latte e uova e mescolate rapidamente il tutto con una frusta manuale.
8. Unite adesso le zucchine e continuate a mescolare sempre velocemente.
9. Dividete il composto negli stampi da muffin ricordandovi di non riempirli completamente e di sbatterli un po' per distribuire bene il composto.
10. Mettete un pomodorino al centro di ogni tortina.
11. Posizionate gli stampini nel cestello della friggitrice e impostate la temperatura a 200° per 6 minuti.
12. Poi diminuite la temperatura a 180° e continuate a cuocere per altri 4 minuti.

3.2 Ricette contorni

Crocchette di patate al formaggio

TEMPO DI PREPARAZIONE: 40 minuti
TEMPO DI RIPOSO: 30 minuti
TEMPO DI COTTURA: 8-10 minuti
CALORIE: 285 calorie a porzione
MACRONUTRIENTI: CARBOIDRATI: 28 GR; PROTEINE 15 GR; GRASSI 12 GR

INGREDIENTI PER 4 PERSONE
- 500 gr di patate
- 100 gr di emmenthal grattugiato
- 3 uova
- Farina q.b.

- Pangrattato q.b.
- Sale q.b.
- Pepe q.b.
- Olio di oliva q.b.

PREPARAZIONE

1. Per preparare le crocchette di patate iniziate appunto con il preparare le patate. Lavate accuratamente le patate con tutta la buccia e fatele lessare in abbondate acqua calda leggermente salata per circa 30 minuti.
2. Passati 30 minuti infilzate le patate con una forchetta. Se risultano abbastanza tenere da riuscire ad affondare la forchetta terminate la cottura, altrimenti continuate fino a quando non risultano morbide.
3. Quando saranno cotte scolatele, passatele in acqua fredda e poi eliminate la buccia.
4. Schiacciatele con lo schiacciapatate e raccogliete il tutto in una ciotola.
5. Unite il formaggio grattugiato, due uova, la noce moscata, il sale e il pepe.
6. Infarinate un piano di lavoro, appoggiateci l'impasto di patate e ricavate dei rotoli di circa 5 cm di diametro.
7. Mettete i rotoli di patate in frigo a riposare per 30 minuti.
8. Passati i 30 minuti, togliete i rotoli dal frigo e tagliateli a fette sottili.

9. Sbattete l'uovo rimasto. Passate le crocchette prima nella farina, poi nell'uovo sbattuto e infine nel pangrattato.
10. Adagiate le crocchette sul cestello della friggitrice ad aria e spruzzatele con un goccio di olio di oliva.
11. Cuocetele in modalità manuale a 200° per 4 minuti. Poi togliete il cestello giratele, spruzzate con un po' di olio di oliva e fate cuocere per altri 4 minuti.
12. Se le crocchette vi sembrano poco dorate potete tenerle un paio di minuti in più.
13. Servite ben calde.

Crocchette di patate e funghi

TEMPO DI PREPARAZIONE: 20 minuti
TEMPO DI RIPOSO: 1 ora
TEMPO DI COTTURA: 20 minuti
CALORIE: 182 calorie a porzione
MACRONUTRIENTI: CARBOIDRATI: 15 GR; PROTEINE: 8 GR; GRASSI: 8 GR

INGREDIENTI PER 8 CROCCHETTE DI PATATE

- 600 gr di patate
- 300 gr di funghi champignon
- 2 uova
- 30 gr di burro
- 60 gr di parmigiano grattugiato
- 1 ciuffetto di prezzemolo
- 1 spicchio d'aglio
- Sale q.b.
- Pepe neo q.b.
- Pangrattato q.b.
- 2 cucchiai di olio di oliva

PREPARAZIONE

1. Per preparare le crocchette di patate e funghi iniziate con le patate. Lavate accuratamente le patate con tutta la buccia e fatele lessare in abbondate acqua calda leggermente salata per circa 30 minuti.

2. Passati 30 minuti infilzate le patate con una forchetta. Se risultano abbastanza tenere da riuscire ad affondare la forchetta terminate la cottura, altrimenti continuate fino a quando non risultano morbide.
3. Quando saranno cotte scolatele, passatele in acqua fredda e poi eliminate la buccia. Poi schiacciatele con lo schiacciapatate e raccogliete il tutto in una ciotola dai bordi alti.
4. Mettete le patate da parte ad intiepidirsi e passate ai funghi. Lavateli asciugateli ed eliminate l'estremità terrosa.
5. Prendete una padella, versate un po' di olio e lasciate imbiondire lo spicchio d'aglio.
6. Appena l'aglio sarà ben dorato eliminatelo dalla padella e aggiungete i funghi.
7. Regolate di sale e pepe, mettete un coperchio sulla padella e lasciate cuocere a fuoco lento i funghi per circa 8 minuti.
8. Adesso aggiungete alla purea di patate i funghi e poi il burro amalgamando il tutto bene fino a che il burro non sia completamente inglobato nel composto.
9. Finito questo passaggio fate raffreddare bene la purea di funghi e patate.
10. Appena il composto sarà freddo unite i due tuorli al composto, mettendo da parte gli albumi. Unite pure 2 cucchiai di pangrattato, il prezzemolo tritato finemente, il parmigiano e mescolate in modo da compattare il tutto. Il composto deve risultare completamente asciutto.

11. Adesso iniziate a formare le crocchette che devono essere circa 20 gr ciascuna e che devono avere la classica forma a cilindro.
12. Mettete le crocchette in frigo a riposare per circa 30 minuti.
13. Poi prendetele e passatele negli albumi sbattuti e poi nel pangrattato.
14. Adagiate le crocchette sul cestello della friggitrice ad aria e spruzzatele con un goccio di olio di oliva.
15. Cuocetele in modalità manuale a 200° per 4 minuti. Poi togliete il cestello giratele, spruzzate con un po' di olio di oliva e fate cuocere per altri 4 minuti.
16. Se le crocchette vi sembrano poco dorate potete tenerle un paio di minuti in più.

Finocchi e cipolle al gratin

TEMPO DI PREPARAZIONE: 30 minuti

TEMPO DI COTTURA: 7 minuti

CALORIE: 162 calorie a porzione

MACRONUTRIENTI: CARBOIDRATI: 10 GR; PROTEINE: 5 GR; GRASSI: 11 GR

INGREDIENTI PER 4 PERSONE

- 4 finocchi da tavolo
- 2 cipolle
- 200 ml di besciamella
- Un pizzico di noce moscata
- 40 gr di fontina grattugiata
- 30 gr di burro
- Sale q.b.
- Pepe q.b.

PREPARAZIONE

1. Iniziate con la preparazione dei finocchi. Togliete i ciuffetti verdi, lavateli e asciugateli.
2. Portate a bollore una pentola media d'acqua salata. Giunta ad ebollizione aggiungete i finocchi e lasciate cuocere per 15 minuti.
3. Mettete ad ebollizione con acqua salata un'altra pentola.
4. Nel mentre passate alle cipolle. Sbucciatele e lavatele in acqua corrente.

5. Appena la seconda pentola sarà giunta ad ebollizione versate le cipolle e lasciate cuocere per 20 minuti.
6. Scolate i finocchi, fateli raffreddare e poi tagliateli a spicchi.
7. Scolate le cipolle, fatele raffreddare e poi tagliatele a fettine.
8. Fate fondere 20 gr di burro in una padella antiaderente, unite le verdure, un pizzico di sale e un pizzico di pepe e lasciate insaporire per un paio di minuti.
9. Se la friggitrice ad aria è abbastanza grande mettete le verdure in una sola pirofila, altrimenti dividetele a metà in due teglie piccole di alluminio.
10. Imburrate la pirofila, o una delle due teglie, fate uno strato di finocchi e cipolle e mettete sopra un po' di besciamella. Fate un secondo strato e coprite con la besciamella.
11. Poi cospargete la superficie della besciamella con la fontina grattugiata e il pangrattato.
12. Mettete il cestello nella friggitrice impostata a 200° e per 7 minuti.
13. Se usate le due teglie di alluminio ripete due volte la stessa operazione.
14. Controllate sempre la cottura e se non siete soddisfatte potete lasciare cuocere per un altro paio di minuti.

Gratin di patate alla paprika

TEMPO DI PREPARAZIONE: 20 minuti

TEMPO DI COTTURA: 20 minuti

CALORIE: 472 calorie a porzione

MACRONUTRIENTI: CARBOIDRATI: 32 GR; PROTEINE: 17 GR; GRASSI: 28 GR

INGREDIENTI PER 2 PERSONE

- 300 gr di patate
- 1 uovo
- 50 gr di ricotta
- 50 gr di crescenza
- 20 gr di parmigiano grattugiato
- Un cucchiaino di paprika dolce
- 100 ml di panna da cucina
- 100 ml di latte
- Sale q.b.
- Olio di oliva q.b.

PREPARAZIONE

1. Iniziate con le patate. Sbucciatele e poi tagliatele a rondelle non troppo sottili. Mettete poi le patate in una bacinella d'acqua e lavatele cambiando ripetutamente l'acqua fino a quando le patate non hanno perso tutto l'amido.

2. Sgocciolate le patate, asciugate con carta assorbente e poi mettetele nel cestello della friggitrice ad aria, spolverizzatele con il sale. Sotto il cestello mettete un bicchiere di acqua e fate cuocere le patate per 4 minuti a 180°.
3. Toglietele dal cestello e mettetele da parte a raffreddare.
4. In una ciotola mettete l'uovo e sbattetelo con una forchetta. Aggiungete il latte e la panna da cucina, un pizzico di sale e pepe e amalgamate bene il tutto.
5. Prendete una pirofila e spennellatela con un filo di olio di oliva. Disponetevi le patate. Versate il composto con la panna sulle patate.
6. Distribuite sulla superficie delle patate la ricotta e la crescenza e spolverizzate con il parmigiano.
7. Poi ricoprite tutta la superficie con la paprika.
8. Mettete la pirofila nel cestello della friggitrice, impostatela a 200° per 10 minuti.
9. Controllate la cottura e se le patate non sono ancora morbide continuate per altri 2 minuti.

Capitolo 4 - Maiale, agnello e manzo

4.1 Ricette di maiale

Filetto maiale con verdure

TEMPO DI PREPARAZIONE: 5 minuti più mezzora di riposo
TEMPO DI COTTURA: 10 minuti
CALORIE: 290 Calorie a porzione

MACRONUTRIENTI: CARBOIDRATI: 7 GR; PROTEINE: 25 GR; GRASSI: 9 GR

INGREDIENTI PER 2 PERSONE

- 2 Zucchine
- 300 gr Filetto di maiale affettato
- 3 Carote
- 1/2 Cipolla
- 2 spicchi Aglio
- 1 cucchiaio Miele
- 2 cucchiai Aceto di mele
- Un pizzico di Paprika dolce
- 1 cucchiaio di Salsa di soia
- Olio di semi (o extravergine di oliva)
- Sale q.b.
- 1 ciuffo Prezzemolo

PREPARAZIONE

1. In una ciotola grande, mescolate l'aceto di mele, la salsa di soia, il miele, un filo di olio e la paprika.

2. Aggiungete l'aglio e la cipolla tagliata a pezzetti, poi unite il filetto di maiale.

3. Mescolate bene, in modo che la carne si insaporisca.

4. Lasciate marinare per circa mezz'ora, coprendo la ciotola con la pellicola.

5. Nel frattempo, mondate le zucchine e le carote, e tagliatele a bastoncino o a rondelle.

6. Preriscaldate la friggitrice ad aria, ungetela con poco olio e fate cuocere le verdure per 5 minuti a 180°.

7. Muovetele spesso in modo che non si brucino, dovranno rimanere gustose e consistenti, senza sfaldarsi. Quando saranno quasi pronte, sgocciolate il filetto e mettetelo a cuocere nello stesso cestello, bagnando il fondo con un po' del liquido della marinata. Basteranno 5-6 minuti, a seconda dello spessore, alzate la temperatura a 200° in modalità grill e girate la carne da entrambi i lati

8. Appena cotte, aggiungere una manciata di prezzemolo tritato e servire.

Filetto maiale in crosta di spezie

TEMPO DI PREPARAZIONE: 10 minuti
TEMPO DI COTTURA: 10 /15 minuti
CALORIE: 310 Calorie a porzione
MACRONUTRIENTI: CARBOIDRATI: 10 GR; PROTEINE: 26 GR; GRASSI: 7 GR

INGREDIENTI PER 4 PERSONE

- 600 gr di Filetto di Maiale
- 1 zucchina
- 1 carota
- 1 peperone giallo piccolo
- 1 spicchio d'aglio
- 100 grammi di pangrattato
- Latte q.b.
- Mezzo bicchiere di vino bianco
- 4 cucchiai di ketchup
- 1 rametto di maggiorana
- 1 rametti di origano fresco
- 1 rametto di timo

- Foglie di salvia fresca
- 2 rametti di rosmarino
- 2 cucchiai di olio di oliva per appassire
- 1 cucchiaio di olio di oliva per soffriggere
- 1 cucchiaio di olio di oliva per condire
- Sale q.b.
- Pepe q.b.

PREPARAZIONE

1. Mondate e lavate la zucchina, la carota e il peperone, tritateli grossolanamente e fateli appassire in una padella con un filo di olio, a fuoco basso per 4-5 minuti.
2. Spegnete e fate intiepidire.
3. Frullate nel mixer il pangrattato con le foglioline di maggiorana, origano e timo.
4. Versate il trito ottenuto in una ciotola, aggiungere le verdure appassite e un pizzico di sale e pepe; mescolate bene e unite qualche cucchiaiata di latte, in modo da ottenere un composto morbido ma ben consistente.
5. Fate soffriggere l'aglio, la salvia e il rosmarino in un tegame con un fondo di olio, per 1-2 minuti a fiamma bassa.

6. Togliete aglio e aromi e alzate la fiamma; unire il filetto e lasciatelo rosolare 7-8 minuti, per 'sigillare' la carne, così che si formi una crosticina uniforme da tutte le parti. Giratela ogni tanto ma non bucate la carne.
7. Salate, pepate e sfumate con il vino, poi togliete il filetto dal fuoco e fatelo intiepidire; tenete il tegame da parte, senza lavarlo.
8. Coprite la parte superiore del filetto con il composto di verdure, per formare la crosta di verdura.
9. Premetelo leggermente con le mani, così che resti aderente. Appoggiate con attenzione il filetto nel cestello e ungerlo con un filo di olio.
10. Fate cuocere il filetto in crosta nella friggitrice ad aria preriscaldato a 180°C per circa 10/12 minuti, finché la carne sarà cotta.
11. Appena cotto tirate fuori e il filetto, lasciatelo intiepidire per qualche minuto, in modo che la copertura si compatti.
12. Tagliatelo a fette abbastanza alte, poi servite in tavola accompagnandolo, se lo desiderate, con della salsa ketchup.

Arista di maiale all'arancia

TEMPO DI PREPARAZIONE: 10 minuti più un'ora di marinatura
TEMPO DI COTTURA: 50/60 minuti
CALORIE: 210 Calorie a porzione
MACRONUTRIENTI: CARBOIDRATI: 6 GR; PROTEINE: 22,5 GR; GRASSI: 7,5 GR

INGREDIENTI PER 4 PERSONE

- 500 gr di arista di maiale
- 1 arancia grossa
- 1 rametti di rosmarino
- ½ cucchiaino di amido di mais
- 10 gr di burro
- 1 cucchiai di olio extravergine di oliva
- 100 ml di vino bianco
- Sale q.b.
- pepe nero q.b.

PREPARAZIONE

1. Per prima cosa lavate e asciugate bene gli agrumi.

2. Grattugiate finemente la buccia dell'arancia, stando attenti a non intaccarne la parte bianca amarognola, quindi spremetene il succo.
3. Raccogliete in una pirofila succo e buccia d'arancia e unire il rosmarino il sale e il pepe. Mescolate bene con i rametti di rosmarino e unitevi la carne.
4. Lasciatela marinare per un'ora rigirandola spesso nel liquido.
5. In un largo tegame fate sciogliere il burro nell'olio. Aggiungete quindi la carne sgocciolata, tenendo da parte la marinatura, e fatela dorare da tutti i lati a fuoco vivace, quindi sfumatela con il vino.
6. Trasferite nuovamente l'arista nella pirofila con la marinatura e inserirla (se volete potete avvolgerla) con la carta allumino cuocetela nella friggitrice ad aria a 180°C per 50/60 minuti.
7. A metà cottura girate la carne e ogni tanto irroratela con il suo sugo. Se dovesse scurirsi o seccare troppo copritela.
8. A cottura ultimata filtrate il fondo e mettetelo in un pentolino, quando sarà tiepido unite un cucchiaio di maizena setacciata e mescolate bene con una forchetta per evitare la formazione di grumi.
9. Scaldate su fuoco moderato e fate addensare, aggiustando di sale e pepe se necessario.
10. Servite l'arista all'arancia tagliata a fette con il suo fondo.

Involtini di Maiale nel Prosciutto

TEMPO DI PREPARAZIONE: 10 minuti

TEMPO DI COTTURA: 10 minuti

CALORIE: 230 Calorie a porzione

MACRONUTRIENTI: CARBOIDRATI: 4 GR; PROTEINE: 27 GR; GRASSI: 18 GR

INGREDIENTI PER 4 PERSONE

- 6 pezzi di prosciutto affettato sottilmente
- 1 filetto di maiale (450 gr circa) dimezzato e pestato
- 6 gr di sale 1 g di pepe nero
- 250 gr di foglie di spinaci fresche e divise
- 4 fette di mozzarella divise
- 20 gr di pomodori essiccati al sole e divisi
- 10 ml di olio d'oliva

PREPARAZIONE

1. Disponete 3 pezzi di prosciutto sulla carta da forno, leggermente sovrapposti l'un l'altro.
2. Mettete una metà del maiale sul prosciutto e ripetete con l'altra metà.
3. Condite l'interno degli involtini di maiale con sale e pepe.
4. Mettete metà di spinaci, formaggio e pomodori secchi in cima al filetto di maiale.
5. Arrotolate stretto il filetto attorno al ripieno e legatelo con lo spago da cucina per tenerlo ben chiuso.

6. Ripetete il processo per l'altro filetto di maiale e mettere gli involtini in frigo.
7. Selezionate il programma preriscaldamento (o far preriscaldare la friggitrice ad Aria per due minuti)
8. Spennellate con 5 ml di olio d'oliva su ogni filetto avvolto e metterlo nella friggitrice preriscaldata.
9. Selezionate Bistecca (o funzione carne/grill) e regolate il tempo a 10 minuti
10. Lasciare riposare gli involtini per 10 minuti prima di affettare e servire.

4.2 Ricette di vitello

Involtini di vitello con speck e formaggio

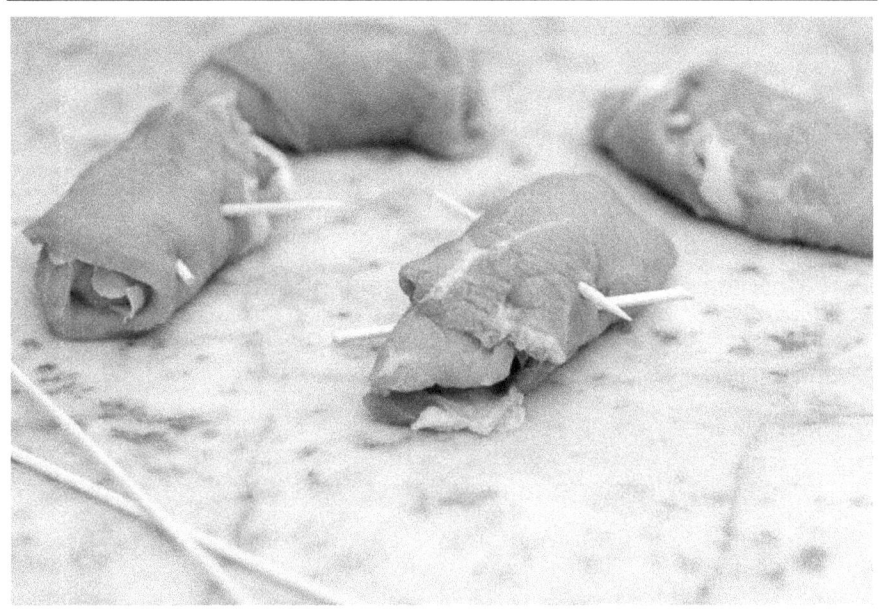

TEMPO DI PREPARAZIONE: 15 minuti
TEMPO DI COTTURA: 10/12 minuti
CALORIE: 261 Calorie a porzione
MACRONUTRIENTI: CARBOIDRATI: 1 GR; PROTEINE: 22 GR; GRASSI: 10 GR

INGREDIENTI PER 3 PERSONE
- 6 fettine di vitello magro
- 3 fette di speck

- 6 fette di provola
- olio di oliva q.b.
- sale q.b.
- pepe q.b.

PREPARAZIONE

1. Mettete sopra ogni fetta di vitello una mezza fetta di speck e una fetta di provola.
2. Arrotolate gli involtini e sigillateli con degli stuzzicadenti.
3. Mettete sopra gli involtini poco olio e posizionateli sul fondo del cestello della friggitrice ad aria.
4. Aggiustate di sale e pepe.
5. Impostate la funzione carne (o grill) e farli cuocere per circa 8-9 minuti a 180° C, aumentando la temperatura a 200 gradi per altri 4 minuti e scuotendo il cestello.
6. Servite gli involtini ancora caldi.

Tagliata di manzo con pomodorini

TEMPO DI PREPARAZIONE: 5 minuti
TEMPO DI COTTURA: 10 minuti
CALORIE: 185 Calorie a porzione
MACRONUTRIENTI: CARBOIDRATI: 2 GR; PROTEINE: 21 GR; GRASSI: 8 GR

INGREDIENTI PER 4 PERSONE

- Tagliata di vitello 400 gr
- scalogni
- Sale fino e sale rosa q.b.
- Un rametto di rosmarino
- Pomodorini per insalata
- Rucola
- Olio di oliva q.b.

PREPARAZIONE

1. Sbucciate gli scalogni e tagliateli a metà.
2. Preriscaldate la friggitrice ad aria per qualche minuto a 180 gradi, ricordando di impostare la funzione grill.
3. Mescolate i due tipi di sale e gli scalogni ed il rosmarino, l'olio e fate marinare la carne.
4. Dopo averla fatta marinare per qualche minuto, mettetela nel cestello della friggitrice e fate cuocere per 8/10 minuti, girandola a metà cottura.

5. Preparate nel frattempo l'insalata, tagliando i pomodori e condendoli con un pizzico di sale ed un filo d'olio (se gradite anche con dell'origano, o altre spezie).
6. Servite la lombata tagliata a fette spesse condite a piacere con un filo di olio d'oliva, accompagnata dall'insalata di pomodoro.

Filetto ai peperoni

TEMPO DI PREPARAZIONE: 5 minuti
TEMPO DI COTTURA: 10 minuti
CALORIE: 272 Calorie a porzione
MACRONUTRIENTI: CARBOIDRATI: 5 GR; PROTEINE: 23 GR; GRASSI: 2 GR

INGREDIENTI PER 2 PERSONE

- Filetto mignon (300 gr)
- 1 cucchiaio oliva
- 1 peperone rosso (o giallo)
- 1 cipolla
- 1 cucchiaio di salsa Worcestershire o di soia
- Pepe e sale q.b.

PREPARAZIONE

1. Fate preriscaldare la friggitrice ad aria per 5 minuti a 200 ° C.
2. Mettete nel cestello (o teglia apposita) la carne di vitello con il pepe, la cipolla, i peperoni tagliati a strisce molto sottili e la salsa (o di soia o Worcestershire).
3. Spennellate (o spruzzate) con un po' di olio e fate cuocere il tutto tramite la funzione carne per 10 minuti circa, girando il vitello a metà cottura.
4. Servire il piatto caldo.

Medaglioni di filetto con crema al gorgonzola

TEMPO DI PREPARAZIONE: 5 minuti
TEMPO DI COTTURA: 15 minuti
CALORIE: 360 Calorie a porzione
MACRONUTRIENTI: CARBOIDRATI: 7 GR; PROTEINE: 28 GR; GRASSI:15 GR

INGREDIENTI PER 4 PERSONE

- 4 medaglioni di filetto
- Sale e pepe q.b.
- cucchiai gorgonzola
- 200 gr formaggio spalmabile
- cucchiai latte

PREPARAZIONE

1. Condite i medaglioni di vitello solo con il pepe.
2. Salate solo nel momento in cui sarà perfettamente cotto.
3. Preriscaldate la friggitrice ad aria per qualche minuto direttamente con la funzione carne (o bistecca) a 180 º C
4. Nel frattempo, preparate la salsa, facendo sciogliere il gorgonzola in un pentolino insieme al formaggio spalmabile e il latte.
5. Continuate a mescolare fino a quando sarà il formaggio non si sarà completamente sciolto.
6. Fate cuocere il vitello per circa 10 minuti, rigirando la carne a metà cottura

7. A cottura avvenuta, condite con il sale.
8. Servite con la salsa al formaggio.

Vitello ripieno al prosciutto e formaggio

TEMPO DI PREPARAZIONE: 10/15 minuti

TEMPO DI COTTURA: 15 minuti

CALORIE: 492 Calorie a porzione

MACRONUTRIENTI: CARBOIDRATI: 6 GR; PROTEINE: 33 GR; GRASSI: 35 GR

INGREDIENTI PER 2 PERSONE

- 4 fette di carne di vitello (tipo scaloppina)
- 2 fette di scamorza
- 2 fette di Prosciutto cotto
- 3taralli medi, o 4 fette biscottate integrali
- 1uovo
- 1 cucchiaino di Olio di oliva
- Sale q.b.

PREPARAZIONE

1. Sminuzzate i taralli (o le fette biscottate) con un mixer in maniera grossolana: non dovrete ottenere una farina ma una granella.

2. Farcite metà delle fettine di carne di vitello con il prosciutto cotto, le fette di scamorza e ancora sopra il prosciutto cotto.

3. Coprite con un'altra fettina di carne, avendo cura di sigillare bene i bordi.

4. Sbattete l'uovo con un pizzico di sale.

5. Immergete nell'uovo la carne e fate in modo che il vitello sia completamente ricoperto dall'uovo.

6. Passatelo, quindi, nella panatura e fate pressione affinché aderisca perfettamente.

7. Adagiate le fettine di carne sul cestello (unto con poco olio) della friggitrice preriscaldata a 180° C per 15 minuti circa, verificando che il vitello sia cotto ed il formaggio perfettamente sciolto.

8. Servite le fettine di carne ancora calde.

4.3 Ricette di agnello

Spiedini di agnello

TEMPO DI PREPARAZIONE: 10/12 minuti

TEMPO DI COTTURA: 10 minuti

CALORIE: 320 Calorie a porzione

MACRONUTRIENTI: CARBOIDRATI: 1 GR; PROTEINE: 46 GR; GRASSI: 12 GR

INGREDIENTI PER 4 PERSONE
- agnello macinato (360 gr)

- Mix di spezie (cumino, paprika, aglio in polvere cipolle in polvere)
- 1 gr di cannella
- 1 gr di curcuma
- 1 gr di semi di finocchio
- 1 gr di semi di coriandolo macinati
- 3 gr di sale
- 4 spiedini

PREPARAZIONE

1. Abbinate tutti gli ingredienti (l'agnello e il mix di spezie) in una ciotola abbastanza capiente e mescolate il tutto bene.
2. Infilate 90 gr di carne su uno spiedino di legno, poi riponete in frigo a riposare per 10 minuti.
3. Selezionate il programma di preriscaldamento sulla friggitrice ad aria, o fate preriscaldare per 3 minuti circa.
4. Inserite gli spiedi nella friggitrice preriscaldata, selezionare Bistecca (o carne), e regolate il tempo a 8/10 minuti, verificando la cottura di tanto in tanto.

Polpette di agnello piccanti

TEMPO DI PREPARAZIONE: 5 minuti + 30 minuti di riposo
TEMPO DI COTTURA: 10 minuti
CALORIE: 270 Calorie a porzione
MACRONUTRIENTI: CARBOIDRATI: 1 GR; PROTEINE: 29 GR; GRASSI: 6.5 GR

INGREDIENTI PER 3 PERSONE

- agnello macinato (450 gr)
- 2 spicchi d'aglio tritati
- 5 gr di sale
- pepe nero q.b.
- 2 gr di menta appena tritata
- 2 gr di cumino macinato
- 3 ml di salsa piccante
- 1 gr di peperoncino in polvere
- 1 scalogno tritato
- 8 gr di prezzemolo tritato finemente
- 15 ml di succo di limone fresco
- scorza di limone
- 10 ml di olio d'oliva

PREPARAZIONE

1. Mescolate insieme l'agnello, l'aglio, il sale, il pepe, la menta, il cumino, la salsa piccante, il peperoncino in polvere, lo

scalogno, il prezzemolo, il succo di limone e la scorza di limone ben combinati.
2. Formate 9 palline con la miscela di agnello e lasciate raffreddare in frigorifero per 30 minuti.
3. Preriscaldate la vostra friggitrice a 180 gradi per circa 3 minuti.
4. Ricoprite le polpette di olio d'oliva e mettetele nella friggitrice preriscaldata.
5. Selezionate Bistecca (o programma Grill) per 10 minuti, scuotendo il cestello a metà cottura.
6. Servite le polpette ben calde.

Capitolo 5 - Ricette pollame

Bocconcini di pollo al pesto rosso

TEMPO DI PREPARAZIONE: 5 minuti + 10 minuti di riposo
TEMPO DI COTTURA: 15/20 minuti
CALORIE: 265 Calorie a porzione
MACRONUTRIENTI: CARBOIDRATI: 20 GR; PROTEINE: 29 GR; GRASSI: 8 GR

INGREDIENTI PER 2 PERSONE
- 250 gr di petto di pollo tagliato a pezzi
- 2 fette di pane bianco raffermo tagliato a pezzetti

- 1 spicchio di aglio schiacciato
- 1 tuorlo d'uovo + 2 albumi
- Pepe macinato fresco q.b.
- 1 cucchiaio di paprika piccante q.b.
- Sale q.b.
- 2 cucchiai di pesto rosso (di mandorle e pomodorini)

PREPARAZIONE

1. Grattugiate il pane con la paprika in polvere nel robot da cucina fino a ottenere delle briciole, quindi aggiungere l'olio d'oliva.
2. Trasferite il composto in un recipiente.
3. Frullare quindi i filetti di pollo e mescolare con il tuorlo, l'aglio, il pesto e il prezzemolo.
4. Insaporite con sale e pepe.
5. Preriscaldare la friggitrice ad aria a 195 °C per qualche minuto.
6. Sbattete gli albumi in un recipiente.
7. Con il pollo, preparare 10 palline e schiacciarle per creare dei bocconcini di forma ovale.
8. Passate i bocconcini nell'albume e poi nel pangrattato fino a ricoprirli completamente.
9. Disporre i bocconcini nel cestello.
10. Impostate il tempo a 10 minuti.
11. Friggerli fino a quando non diventano dorati.
12. Servire i bocconcini di pollo caldi.

Fusi di pollo al mango

TEMPO DI PREPARAZIONE: 20 minuti

TEMPO DI RIPOSO: 2 ore

TEMPO DI COTTURA: 20 minuti

CALORIE: 384 calorie a persona

MACRONUTRIENTI: CARBOIDRATI: 24 GR; PROTEINE: 38 GR; GRASSI: 13 GR

INGREDIENTI PER 2 PERSONE

- 4 fusi di pollo
- 1 mango
- 5 ml di salsa di soia
- 20 gr di zucchero di canna
- Mezzo limone
- Un cucchiaio di aceto balsamico
- Erba cipollina q.b.
- Sesamo bianco e nero a piacere
- Olio di oliva q.b.
- Sale q.b.
- Pepe q.b.

PREPARAZIONE

1. Iniziate la preparazione con il mango. Lavatelo, sbucciatelo estraete il nocciolo e mettete da parte la polpa.

2. Schiacciate la polpa di mango fino ad ottenere un composto quasi liquido. Poi aggiungete la salsa di soia, lo zucchero, il limone, l'aceto, l'erba cipollina e il sesamo.
3. Amalgamate bene tutti gli ingredienti fino ad ottenere un composto omogeneo.
4. Passate ai fusi di pollo. Lavateli sotto acqua corrente, pulite bene la pelle e poi asciugateli con carta assorbente.
5. Mettete i fusi nella marinatura al mango. Mescolate bene aiutandovi anche con le mani per distribuire bene la marinatura.
6. Coprite la ciotola con la pellicola trasparente e lasciate marinare in frigo per 2 ore.
7. Passate le due ore trasferite i fusi e la marinatura in una teglia o in una pirofila.
8. Mettete la pirofila nel cestello della friggitrice ad aria e impostate a la friggitrice a 180° per 15 minuti con il programma carni.
9. Passati i 15 minuti controllate la cottura e se il pollo non è ancora cotto continuate la cottura per altri 5 minuti.

Involtini di pollo con speck e asparagi

TEMPO DI PREPARAZIONE: 15 minuti
TEMPO DI COTTURA: 10 minuti
CALORIE: 360 calorie a porzione
MACRONUTRIENTI: CARBOIDRATI: 3 GR; PROTEINE: 55 GR; GRASSI: 16 GR

INGREDIENTI PER 2 PERSONE

- 4 fettine di pollo da 100 gr ciascuna
- 4 fette di speck tagliato sottile
- 8 asparagi verdi
- 4 foglie di salvia
- Olio d'oliva q.b.
- 20 gr di parmigiano grattugiato
- Sale q.b.
- Pepe q.b.

PREPARAZIONE

1. Iniziamo con gli asparagi. Togliete il gambo più duro e poi lavateli sotto acqua corrente. Asciugateli con carta assorbente.
2. Lavate le foglie di salvia e asciugatele.
3. Passate alle fettine di pollo. Lavatele sotto acqua corrente, asciugatele e poi spolverizzatele con sale e pepe da entrambi i lati.

4. Adagiate su ogni fettina una fetta di speck e 2 asparagi, poi spolverizzate con il parmigiano ogni fettina.
5. Arrotolate le fettine in modo da formare un involtino e chiudete con uno stuzzicadenti.
6. Prendete una pirofila e spennellatela con un po' di olio. Adagiatevi gli involtini e spruzzate un po' di olio. Coprite ogni involtino con una foglia di salvia.
7. Mettete la pirofila nel cestello della friggitrice e impostate a 180 gradi per 10 minuti.
8. Passato il tempo controllate la cottura e se non ancora pronti continuate la cottura per altri 2 minuti.

Petto di pollo farcito con prosciutto e zucchine

TEMPO DI PREPARAZIONE: 20 minuti

TEMPO DI COTTURA: 15 minuti

CALORIE: 413 calorie a persona

MACRONUTRIENTI: CARBOIDRATI: 7 GR; PROTEINE: 57 GR; GRASSI: 18 GR

INGREDIENTI PER 2 PERSONE

- 1 petto di pollo da 400 gr
- 50 gr di robiola
- 1 zucchina verde
- 50 gr di prosciutto cotto
- Mezzo scalogno
- Un cucchiaino di foglie di maggiorana
- 50 ml di vino bianco
- 1 cucchiaio di cognac
- Olio di oliva q.b.
- Sale q.b.
- Pepe q.b.

PREPARAZIONE

1. Iniziamo con la preparazione del petto di pollo. Private il petto di pollo degli ossicini, se ancora presenti, e del grasso. Poi

fate un'incisione centrale e dividete il petto di pollo in due metà.
2. In entrambi le metà di petto fate un'incisione laterale in modo tale da ottenere una specie di tasca.
3. Lavate i petti di pollo, asciugateli con carta assorbente e poi spolverizzateli con un po' di sale e pepe.
4. Adesso passate alle zucchine. Togliete le estremità, lavatele sotto acqua corrente e poi tagliatele a piccoli cubetti.
5. Sbucciate lo scalogno, lavatelo sotto acqua corrente, asciugatelo e tagliatelo a fettine sottili.
6. Mettete un cucchiaio di olio di oliva in una padella antiaderente. Scaldatelo e poi aggiungete lo scalogno. Fatelo imbiondire e poi aggiungete le zucchine. Aggiustate di sale, aggiungete la maggiorana e poi coprite la padella con un coperchio e lasciate cuocere le zucchine per 6 minuti.
7. Togliete le zucchine dal fuoco e lasciatele intiepidire. Poi aggiungete il prosciutto cotto e la robiola e amalgamate tutto.
8. Nel frattempo, tagliate il prosciutto cotto a pezzettini.
9. Prendete una pirofila e spennellatela con un filo di olio.
10. Prendete i petti di pollo, riempite con il ripieno di zucchine e chiudeteli con uno stecchino.
11. Mettete il pollo nella pirofila, e spruzzate un po' di olio sulla parte superiore del pollo.
12. Mettete la pirofila nel cestello della friggitrice. Impostate la temperatura a 180° per 8 minuti.
13. Passato il tempo uscite il cestello, girate il petto di pollo, spruzzate un po' di olio di oliva e versate il vino e il cognac.

14. Lasciate cuocere per altri 4 minuti sempre a 180°. Controllate sempre la cottura e se non vi sembra ancora cotto continuate per altri 2-3 minuti.

Polpette di pollo e pisellini

TEMPO DI PREPARAZIONE: 15 minuti
TEMPO DI COTTURA: 10 minuti
CALORIE: 300 calorie a porzione
MACRONUTRIENTI: CARBOIDRATI: 27 GR; PROTEINE: 21 GR; GRASSI: 18 GR

INGREDIENTI PER 4 PERSONE

- 300 gr di macinato di pollo
- 80 gr di pisellini già lessati
- 2 uova
- 40 gr di fontina
- Pangrattato q.b.
- Olio d'oliva q.b.
- Sale q.b.
- Pepe q.b.

PREPARAZIONE

1. Prendete una ciotola e mettetevi dentro il macinato di pollo, un uovo, la fontina, sale e pepe. Mescolate gli ingredienti con una forchetta.
2. Aggiungete adesso i pisellini lessati e un cucchiaio di pangrattato. Mescolate prima con la forchetta e poi impastate il tutto con le mani.

3. Se l'impasto vi risultasse molle aggiungete un altro po' di pangrattato, invece se fosse troppo secco aggiungete qualche cucchiaio di latte.
4. Inumiditevi le mani con dell'acqua e iniziate a formare le polpette. Devono essere grandi più o meno come una noce.
5. Sbattete l'altro uovo e in un piatto mettete un po' di pangrattato. Mettete le polpette prima nell'uovo e poi arrotolate nel pangrattato.
6. Mettete le polpettine ben distanziate nel cestello della friggitrice ad aria. Se non riuscite a cuocerle tutte insieme fate 2 infornate.
7. Spruzzate su ogni polpettina dell'olio d'oliva, impostate la friggitrice a 180° per 5 minuti.
8. Passati i 5 minuti girate le polpettine, spruzzate un altro po' di olio e continuate la cottura per altri 3 minuti.
9. Se non vi sembrano ancora cotte continuate la cottura per altri 2 minuti, fino a quando non vi risulteranno dorate e croccanti.

Polpettone di pollo con prosciutto

TEMPO DI PREPARAZIONE: 20 minuti
TEMPOD DI COTTURA: 20 minuti
CALORIE: 300 calorie a porzione
MACRONUTRIENTI: CARBOIDRATI: 3 GR; PROTEINE: 28 GR; GRASSI: 22 GR

INGREDIENTI PER 4 PERSONE

- 300 gr di pollo macinato
- 200 gr di ricotta fresca
- 100 gr di prosciutto cotto
- 50 gr di scamorza
- Un cucchiaino di salvia tritata
- Noce moscata q.b.
- Olio di oliva q.b.
- Sale q.b.
- Pepe q.b.

PREPARAZIONE

1. Iniziate con la preparazione della carne. In una terrina mettete la carne macinata, la ricotta, il prosciutto cotto tritato, la scamorza tagliata a dadini, un pizzico di noce moscata, la salvia tritata, sale e pepe.
2. Inumidite le mani e formate il polpettone.
3. Prendete un foglio di alluminio grande abbastanza per contenere il polpettone e ungetelo di olio.

4. Sistemate il polpettone all'interno del foglio di alluminio e poi chiudete il tutto.
5. Sistemate il cartoccio all'interno del cestello della friggitrice e impostate a 200° per 20 minuti.
6. Trascorso il tempo controllate la cottura e se non vi sembra ancora abbastanza cotto continuate a cuocere per altri 5 minuti e con il foglio di alluminio aperto.
7. Togliete il polpettone dalla friggitrice, lasciate intiepidire e poi tagliatelo a fette.

Ravioli di pollo fritti

TEMPO DI PREPARAZIONE: 20 minuti

TEMPO DI COTTURA: 15 minuti

CALORIE: 505 calorie a porzione

MACRONUTRIENTI: CARBOIDRATI: 22 GR; PROTEINE: 31 GR; GRASSI: 34 GR

INGREDIENTI PER 2 PERSONE

- 100 gr di pasta sfoglia
- 100 gr di petto di pollo
- 25 ml di vino bianco
- 20 gr di grana grattugiato
- 10 gr di mascarpone
- Alcune foglie di rosmarino
- 2 uova
- 10 gr di burro
- 20 gr di speck
- 20 gr di prosciutto crudo
- Sale q.b.
- Pepe q.b.
- Olio di oliva q.b.

PREPARAZIONE

1. Iniziate con il pollo. Lavate il petto di pollo sotto acqua corrente, asciugatelo e privatelo, se presente, del grasso.

2. Sciogliete il burro in un tegame. Quando inizia a sfrigolare mettete il pollo a rosolare per 5 minuti.
3. Aggiustate di sale e pepe, poi sfumate con il vino e cuocete fino a quando il vino non sarà completamente evaporato.
4. Togliete dal fuoco e lasciate intiepidire la carne.
5. Nel frattempo, tritate finemente lo speck e il prosciutto crudo.
6. Quando il pollo si sarà raffreddato tritatelo finemente.
7. Versate il trito di pollo, speck e prosciutto in una ciotola. Unite mascarpone, grana e uovo, il rosmarino tritato, sale e pepe. Amalgamate bene tutti gli ingredienti.
8. In una spianatoia leggermente infarinata stendete la pasta sfoglia. Ritagliatela con un coppapasta in dischi da 12 cm di diametro ciascuno.
9. Spennellate i dischetti con un uovo sbattuto. Distribuite su ciascun dischetto una pallina di ripieno e poi chiudete ogni dischetto, piegandolo a metà.
10. Premete bene lungo i bordi per sigillare perfettamente i dischetti.
11. Mettete i ravioli in una pirofila spennellata di olio e spruzzate un po' di olio sulla superficie.
12. Mettete la pirofila nel cestello della friggitrice e impostate la temperatura a 180° per 6 minuti.
13. Trascorso il tempo aprite il cestello, girate i ravioli, spruzzate un altro po' di olio e cuocete per altri 5 minuti.
14. Controllate la cottura e se non sono ancora ben dorati continuate la cottura per altri 2 minuti.

Rotolo di pollo e speck

TEMPO DI PREPARAZIONE: 30 minuti

TEMPO DI COTTURA: 25 minuti

CALORIE: 271 calorie a persona

MACRONUTRIENTI: CARBOIDRATI: 12 GR; PROTEINE: 33 GR; GRASSI: 23 GR

INGREDIENTI PER 4 PERSONE

- Un petto di pollo intero da 400 gr
- 200 gr di spinaci surgelati
- 50 gr di speck tagliato a fettine sottili
- 1 uovo
- 200 gr di patate
- Un cucchiaino di rosmarino essiccato
- 20 gr di parmigiano
- 30 gr di fontina
- Noce moscata q.b.
- Olio di oliva q.b.
- Sale q.b.
- Pepe q.b.

PREPARAZIONE

1. Iniziate preparando il ripieno. In una ciotola sbattete l'uovo con il parmigiano, un pizzico di noce moscata, un pizzico di sale e pepe.

2. Mettete in una padella antiaderente un filo d'olio, fatelo riscaldare e poi il composto di uova. Fate cuocere in modo da formare una frittatina sottile.
3. In una pentola mettete a bollire dell'acqua salata. Giunta a bollore versate gli spinaci e fateli cuocere per 5 minuti.
4. Scolateli, metteteli a raffreddare e quando sono abbastanza freddi tagliateli in pezzi piccoli.
5. Passate ora al pollo. Eliminate se presenti residui di grasso o ossicini, lavatelo sotto acqua corrente e poi asciugatelo con carta assorbente.
6. Tagliate a strisce sottili la fontina.
7. Incidete il petto per la lunghezza e poi appiattitelo sottilmente con un batticarne.
8. Disponete sulla fetta di carne ottenuta prima lo speck, poi la frittatina, gli spinaci e infine le strisce di fontina.
9. Arrotolate la carne e poi legatela con lo spago da cucina.
10. Sbucciate le patate, lavatele bene sotto acqua corrente. Asciugatele e tagliatele a spicchi.
11. Prendete una pirofila, oleatela, e distribuite lateralmente le patate spolverizzate con il rosmarino un po' di sale e pepe.
12. Al centro della pirofila mettete il rotolo di pollo, spruzzate con un po' di olio di oliva e un pizzico di sale, e mettete la pirofila nel cestello o nella griglia, in base al modello della friggitrice.
13. Se la pirofila è troppo grande potete dividere il rotolo in due e fare due cotture separate.

14. Impostate la friggitrice a 200° per 15 minuti. Passati i 15 minuti controllate la cottura, girate il pollo e se è necessario irrorate con un po' di acqua.
15. Continuate la cottura per altri 8 minuti e se il pollo non è ancora cotto continuate per altri 2 minuti.
16. Servite tagliando il rotolo a rondelle spesse 2 cm.

Hamburger di pollo e tacchino con zucchine

TEMPO DI PREPARAZIONE: 15 minuti
TEMPO DI COTTURA: 30 minuti
CALORIE: 200 Calorie a porzione
MACRONUTRIENTI: CARBOIDRATI: 4 GR; PROTEINE: 21 GR; GRASSI: 9 GR

INGREDIENTI PER 4 PERSONE

- 400 gr petto di pollo e tacchino
- ½ peperone
- ½ cipolla
- 1 zucchina
- 2 fette di sottilette light
- sale q.b.

PREPARAZIONE

1. Lavate e pulite le verdure.
2. Tagliate a fettine la zucchina e la cipolla, aprite bene il peperone e fate cuocere per 10 minuti in friggitrice ad aria impostata a 180 gradi.
3. Salare a fine cottura e spelare il peperone.
4. Frullate il petto di pollo con un robot e aggiungete peperone, zucchina e cipolla fatti a pezzetti.
5. Aggiustare di sale.
6. Spezzettate ora le sottilette e con una spatola mescolate il tutto.

7. Formare con l'impasto degli hamburgers non troppo alti e disporli sul cestello della friggitrice ad aria.
8. Fate cuocere sempre a 180° C per 20 minuti.
9. Servire gli hamburger ancora caldi da soli o in un panino.

Capitolo 6 - Ricette vegane e vegetariane

6.1 Ricette vegane

Pomodori arrosto

TEMPO DI PREPARAZIONE: 5 minuti
TEMPO DI COTTURA: 15 minuti
CALORIE: 100 Calorie a porzione
MACRONUTRIENTI: CARBOIDRATI: 10 GR; PROTEINE: 1 GR; GRASSI: 6 GR

INGREDIENTI PER 4 PERSONE
- 40 pomodorini

- 3 cucchiai di olio di oliva
- Erbe aromatiche a scelta (un mazzetto)
- 1 gr di aglio in polvere
- Sale q.b.
- 1 pizzico di zucchero (di canna o semolato)

PREPARAZIONE

1. Lavate i pomodorini e tagliateli a metà.
2. Condite con l'olio, le erbe aromatiche, l'aglio e il pizzico di zucchero.
3. Mescolate bene, poi inseriteli direttamente nel cestello della friggitrice ad aria.
4. Cuocere per circa 15 minuti ad una temperatura di 200° C (funzione Verdure)
5. Servire, oppure utilizzare per altre preparazioni, non appena si saranno raffreddati.

Bastoncini di cavolo rapa

TEMPO DI PREPARAZIONE: 5 minuti

TEMPO DI COTTURA: 13 minuti

CALORIE: 45 Calorie a porzione

MACRONUTRIENTI: CARBOIDRATI: 6 GR; PROTEINE: 1,5 GR; GRASSI: 2 GR

INGREDIENTI PER 4 PERSONE

- 2 cavoli rapa senza foglie
- 3 cucchiai di olio di mais
- 1 cucchiaio di erbe aromatiche miste
- 1 gr cucchiaio di paprika
- 1 gr di aglio in polvere
- sale q.b.

PREPARAZIONE

1. Pulite il cavolo, eliminando le foglie, e sbucciatelo completamente
2. Tagliate la verdura, prima a fette e poi a bastoncino.
3. Trasferite il tutto in una ciotola e aggiungete le spezie, l'olio e il sale.
4. Mescolare bene in modo da insaporire perfettamente i bastoncini.
5. Versate i bastoncini direttamente all'interno del cestello della friggitrice ad aria e cuocete a 200° per 12/13 minuti (funzione Verdure).
6. Servite immediatamente ben caldi.

Polpette di zucchine e patate

TEMPO DI PREPARAZIONE: 10 minuti
TEMPO DI COTTURA: 20/25 minuti
CALORIE: 112 Calorie a porzione
MACRONUTRIENTI: CARBOIDRATI: 13 GR; PROTEINE: 5 GR; GRASSI: 2 GR

INGREDIENTI PER 4 PERSONE

- 700 gr di zucchine
- 300 gr di patate a pasta gialla
- 80 gr di pangrattato
- La scorza di 1 limone
- 2 spicchi di aglio
- pepe, noce moscata q.b.
- 2 gr di sale
- pane grattugiato q.b.
- timo, origano, peperoncino q.b.
- 3 cucchiai di semola di grano duro

PREPARAZIONE

1. Sbucciate le patate e grattugiatele direttamente in una ciotola utilizzando una grattugia a fori larghi.
2. Procedere allo stesso modo con le zucchine e mescolare le verdure tra loro.
3. Scaldate due cucchiai di olio in una pentola antiaderente insieme agli spicchi di aglio.

4. Unitele verdure e lasciatele rosolare qualche minuto a fuoco medio, regolando di sale e aggiungendo pepe, noce moscata e tutte le erbe aromatiche,
5. Abbassate il fuoco e proseguite la cottura per altri 15 minuti.
6. Lasciate raffreddare il composto e unite la scorza di limone e il pangrattato. Amalgamare bene con le mani formando delle palline grosse come una noce.
7. Passate una ad una nella panatura e rotolale delicatamente tra i palmi così da renderle il più sferico possibile.
8. Preriscaldare la friggitrice a 200° per 4 minuti dopodiché mettete nel cestello un foglio di carta forno e 6/7 polpette per volta (se avere una friggitrice abbastanza capiente, metterle tutte).
9. Fate cuocere a 200° per 4 minuti, poi scuotere cestello, girate le polpette sotto sopra e proseguite la cottura per altri 3 minuti.
10. Servire tiepide con salsa di vostro gradimento.

Verdure arrosto miste

TEMPO DI PREPARAZIONE: 10 minuti
TEMPO DI COTTURA: 20 minuti
CALORIE: 60 Calorie a porzione
MACRONUTRIENTI: CARBOIDRATI: 4.5 GR; PROTEINE: 1 GR; GRASSI: 2,5 GR

INGREDIENTI PER 4 PERSONE

- 200 g di zucchine
- 1 peperone giallo
- 2 pomodori
- 1 cipolla sbucciata
- 1 spicchio di aglio schiacciato
- 2 cucchiaini di erbe aromatiche
- Sale e pepe q.b.
- 1 cucchiaio di olio d'oliva

PREPARAZIONE

1. Preriscaldate la friggitrice a 200 °C per qualche minuto.
2. Tagliate le zucchine, i pomodori, il peperone e la cipolla in piccoli cubetti.
3. Mescolate le verdure nella teglia (apposita per la friggitrice ad aria) con l'aglio, le erbe, 1 cucchiaio di olio di oliva e sale e pepe.
4. Posizionate la teglia nel cestello e inseritela nella friggitrice.
5. Impostate il timer su 15 minuti e fate cuocere il mix di verdure.
6. Mescolare le verdure di tanto in tanto durante la cottura.
7. Servire calde.

6.2 Ricette vegetariane

Peperoni ripieni

TEMPO DI PREPARAZIONE: 8/10 minuti
TEMPO DI COTTURA: 15 minuti
CALORIE: 239 Calorie a porzione
MACRONUTRIENTI: CARBOIDRATI: 23 GR; PROTEINE: 4 GR; GRASSI: 6 GR

INGREDIENTI PER 3 PERSONE

- 6 peperoni (forma cornetto)
- 1 cucchiaio di olio d'oliva
- 5 fette di pancarré
- Olive verdi o nere a piacere denocciolate

- 3 cucchiai di parmigiano grattugiato
- Sale e pepe q.b.

PREPARAZIONE

1. Preriscaldate la friggitrice a 200 °C per 5 minuti circa.
2. Lavate i peperoni ed eliminare la parte superiore. Con un cucchiaino rimuovete i semi e i filamenti bianchi all'interno.
3. Preparate l'interno mettendo in un frullatore il pancarré spezzettato, il cucchiaio di olio, il formaggio, sale, pepe.
4. Amalgamate il tutto frullando.
5. Tagliate le olive denocciolare in piccoli cubetti.
6. Aiutandosi con un cucchiaino, inserite le olive appena tagliate ed il composto di pancarré e formaggio.
7. Mettete i peperoni ripieni nel cestello ed inserirlo nella friggitrice, impostare il *timer* su 15 minuti e cuocere i peperoni fino a quando non diventeranno morbidi e leggermente più scuri.
8. Servire i vostri peperoni ripieni caldi

Crocchette di mais e zucca

TEMPO DI PREPARAZIONE: 15 minuti
TEMPO DI COTTURA: 20 minuti
CALORIE: 270 Calorie a porzione
MACRONUTRIENTI: CARBOIDRATI: 32 GR; PROTEINE: 8 GR; GRASSI: 15 GR

INGREDIENTI PER 4 PERSONE

- 1/4 di zucca mantovana
- 250 gr ceci già cotti
- 125 gr di ricotta
- un rametto di rosmarino
- 1 cucchiaino di paprika dolce
- sale e pepe q.b.
- 100 gr di farina di mais bianca (precotta)

PREPARAZIONE

1. Per prima cosa pulite e cuocete la zucca all'interno della friggitrice ad aria per 10 minuti circa a 180 º C.
2. Non appena la zucca sarà cotta e si sarà raffreddata, inserite tutti gli ingredienti nel robot di cucina tranne la farina.
3. Prima di procedere, dovrete eliminare tutta la scorza della zucca.
4. Frullate fino ad ottenere un composto omogeneo.
5. Questo è il momento in cui dovrete aggiungere la farina; iniziare con un paio di cucchiai che andranno amalgamati fino

a ottenere una consistenza che mantenga la forma quando raccoglierete il composto con le mani.

6. Aiutandovi con due cucchiai formate degli gnocchi lunghi che dovrete far rotolare nella farina di mais precotta.
7. Spruzzate d'olio le crocchette ottenute e cuocetele per 10 minuti a 200° in friggitrice ad aria.
8. Servite le crocchette ben calde.

Fiori di zucca pastellati

TEMPO DI PREPARAZIONE: 8 minuti più un'ora di riposo
TEMPO DI COTTURA: 10 minuti
CALORIE: 190 Calorie a porzione
MACRONUTRIENTI: CARBOIDRATI: 11 GR; PROTEINE: 8 GR; GRASSI: 7 GR

INGREDIENTI PER 4 PERSONE

- 10/12 fiori di zucchine o di zucca
- 2 uova
- 210 gr di farina 00
- un pizzico di bicarbonato
- 180 ml di latte
- 15 gr di burro fuso o di olio vegetale
- sale q.b.

PREPARAZIONE

1. Lavate i fiori e lasciateli ad asciugare su carta da cucina una ventina di minuti, rigirandoli di tanto in tanto per far colare tutta l'acqua.
2. Con le dita, delicatamente, strappate il pistillo del fiore.
3. Mescolate in un piatto fondo tutti gli ingredienti per la pastella, fino ad ottenere un composto denso e liscio.
4. Se l'impasto non vi soddisfa regolate con farina o latte.

5. Preparate dei vassoi foderati con carta forno; intingere i fiori nella pastella e posizionarli sulla carta, e fare subito congelare per un'ora-
6. Passata l'ora potrete già cuocere i vostri fiori, di zucca.
7. Sistemate i fiori nel cestello già unto, della friggitrice ad aria, cercate di non sovrapporli, cuocete per 6/7 minuti a 200° con funzione Frittura.
8. Servire caldi.

Conclusioni

Per concludere il discorso sulla friggitrice ad aria si può affermare che sia una delle migliori invenzioni sia a livello di tecnologia che di alimentazione degli ultimi anni.

Si può inoltre affermare che è possibile cucinare una miriade di ricette che solitamente siamo abituati a fare fritti, o al forno, senza particolari difficoltà, ottenendo lo stesso identico risultato.

Diventa quindi un acquisto fondamentale poiché non è solamente un'ottima alleata in cucina, ma anche della nostra salute stessa.

È stato più volte ripetuto, in questo testo, che è possibile realizzare ottime fritture leggere, croccanti e gustose con un solo cucchiaio d'olio (ben l'85% di grassi in meno).

Rispetto alla frittura, l'uso di una friggitrice ad aria può ridurre la quantità di grassi, calorie e composti potenzialmente dannosi nel cibo andando solo a vantaggio della nostra salute.

Ingram Content Group UK Ltd.
Milton Keynes UK
UKHW021828130323
418508UK00012B/1068